NOTICE

SUR

M. BONTEMPS

ANCIEN INSTITUTEUR,

ANCIEN PRÉSIDENT DE LA CONFÉRENCE DE SAINT-VINCENT-DE-PAUL
DE LA PAROISSE NOTRE-DAME,

ANCIEN PRÉSIDENT DU CONSEIL PARTICULIER DES CONFÉRENCES
DE SAINT-VINCENT-DE-PAUL,

L'UN DES FONDATEURS ET VICE-PRÉSIDENTS DU PATRONAGE DES JEUNES OUVRIERS
ET APPRENTIS DE L'ŒUVRE DE SAINT-JOSEPH DE LA PAROISSE SAINT-LOUIS,

VICE-PRÉSIDENT DE L'ŒUVRE PAROISSIALE DE SAINT-LOUIS

NOTICE

SUR

M. BONTEMPS

ANCIEN INSTITUTEUR,

ANCIEN PRÉSIDENT DE LA CONFÉRENCE DE SAINT-VINCENT-DE-PAUL
DE LA PAROISSE NOTRE-DAME,

ANCIEN PRÉSIDENT DU CONSEIL PARTICULIER DES CONFÉRENCES
DE SAINT-VINCENT-DE-PAUL,

L'UN DES FONDATEURS ET VICE-PRÉSIDENTS DU PATRONAGE DES JEUNES OUVRIERS
ET APPRENTIS DE L'ŒUVRE DE SAINT-JOSEPH DE LA PAROISSE SAINT-LOUIS,

VICE-PRÉSIDENT DE L'ŒUVRE PAROISSIALE DE SAINT-LOUIS

LUE A LA RÉUNION DE L'ŒUVRE DE SAINT-LOUIS

Le dimanche 16 décembre 1866.

MESSIEURS,

Lorsqu'il y a six semaines, nous avons eu le malheur de
perdre M. Bontemps, j'ai réclamé le douloureux honneur
de vous entretenir dans une de vos plus prochaines réunions de la vie et de la mort de celui qui fut l'un de vos
vice-présidents. Ce n'est pas que j'eusse l'orgueilleuse pré-
tention de dire mieux que tout autre membre de cette
œuvre de Saint-Louis : à Dieu ne plaise ! Je vois ici des
orateurs ecclésiastiques et laïques qui se seraient acquittés
avec plus de succès que moi de ce triste devoir. Mais j'ai
pensé qu'il m'appartenait peut-être de m'en charger, moi
qui depuis plus de quarante ans ai l'avantage de connaître

M. Bontemps, de le juger et de l'apprécier, parce que je l'ai vu constamment à l'œuvre, et que je ne l'ai pas perdu de vue presque un seul instant.

L'existence que j'ai à vous retracer, Messieurs, est bien modeste, et nous pouvons en tirer cette moralité : c'est qu'avec un travail persévérant et une piété éclairée on triomphe de tous les obstacles qui peuvent venir à la traverse, et rendre parfois une existence pénible et difficile. M. Bontemps fut bon père de famille, instituteur dévoué et chrétien fervent : cette dernière qualité l'a soutenu jusqu'à son dernier jour dans toutes les épreuves qui l'ont assailli sans pouvoir l'abattre.

M. Théodore-Achille Bontemps est né avec le siècle : il perdit de bonne heure son père qe'il connut à peine : c'était déjà mal débuter dans la vie, et, comme sa famille était peu fortunée, il ne put achever ses études qu'à la faveur d'une bourse qui le maintint au Lycée Louis-le-Grand, à Paris. Il se montra digne de ce bienfait, fit dans cet établissement d'excellentes études, et y remporta des prix nombreux. Mais, que dut-il faire à la sortie du Collége? Son grand-père voulait qu'il étudiât la médecine ; mais il ne tarda pas à mourir lui-même, et M. Bontemps se trouva, bien jeune encore et sans expérience, obligé de soutenir sa mère. Il avait un cousin imprimeur à Paris ; ce parent le chargea de corriger des épreuves, tâche ingrate et peu lucrative, et qui ne pouvait suffire aux besoins de son cœur filial. Notre jeune érudit ne trouva guère dans son cousin qu'un homme qui l'exploitait, qui le payait des faibles services qu'il lui rendait, et ne voyait rien au delà : il se montrait sourd à la voix du sang, et son âme était peu généreuse. Il fallut donc que M. Bontemps cherchât à ajouter à ce travail d'imprimerie d'autres occupations pour remplir ses trop nombreux loisirs, et il dut donner des leçons dans quelques pensions de Paris. Ce fut à cette époque qu'il rencontra des élèves de l'abbé Gaultier, qui le présentèrent à leur maître : le pieux ecclésiastique, aussi bon que savant, reconnut dans M. Bontemps un fonds d'instruction solide ; il s'intéressa vivement à sa jeunesse et le prit pour l'aider dans ses cours et dans la rédaction de ses ouvrages : il faisait une bonne œuvre en même temps qu'il se donnait un excellent collaborateur.

Messieurs, un auteur ancien donnait cette définition de l'avocat : « C'est un homme de bien habile dans l'art de manier la parole (*vir bonus dicendi peritus*). » On pourrait, avec une légère modification, dire de l'abbé Gaultier, comme de cet abbé de L'Épée, dont la statue est à quelques pas d'ici, comme de M. Bontemps lui-même : « C'était un homme de bien, habile dans l'art d'enseigner : *vir bonus docendi peritus.* »

« L'abbé Gaultier, Messieurs, est auteur d'un grand
» nombre d'ouvrages pour l'instruction élémentaire, il
» fut presque réformateur dans son genre. A l'époque où
» il vint à Paris, en 1780, à l'âge de 34 ans, l'enseignement
» primaire n'existait pas : il résolut de simplifier les élé-
» ments de toutes les connaissances, d'éclairer sans cesse la
» théorie par la pratique, de parler aux yeux et de donner
» aux enfants le principal rôle dans leur instruction, au
» moyen d'exercices variés qui étaient des jeux véritables,
» et qui provoquaient l'activité de l'esprit par un certain
» plaisir. Plus que tout autre, il contribua à rendre en
» France l'instruction élémentaire facile et attrayante : il
» fut l'ardent propagateur de la méthode d'enseignement
» mutuel : toutes les méthodes en usage aujourd'hui lui
» doivent quelque chose. Il aima les enfants, les comprit,
» se mit à leur portée et s'occupa d'eux avec un rare
» désintéressement. La collection de ses œuvres forme
» vingt et un petits volumes. » (Dict. de Biographie et d'histoire de Dézobry et Bachelet.)

L'abbé Gaultier est mort en 1818, malheureusement trop tôt pour M. Bontemps. Toutefois c'est à cette excellente école et pendant ce trop court espace de temps que notre honoré vice-président prit cet amour de la science et de l'instruction dont il a donné tant de preuves : lui aussi aima l'enfance et la jeunesse, et j'ajoute avec un sentiment de fierté pour le corps enseignant, avec le même désintéressement que son vénérable maître.

Peu de temps après, M. Bontemps est venu dans cette ville se charger de l'éducation du fils du marquis de Montécler, et c'est lorsqu'il était investi de ces fonctions délicates que j'ai fait la connaissance du nouveau précepteur. Son instruction, sa modestie, son amabilité ne tardèrent pas à le faire rechercher et recevoir dans la plus haute société de Versailles; la souplesse de son talent contribuait à égayer les réunions d'enfants, amis et camarades de son jeune élève, et les petites soirées qu'il organisait, et qu'il savait animer par un entrain de bon goût avaient pour moi, comme pour tous ceux qui avaient le bonheur d'y assister, un charme inexprimable, et ont laissé dans nos esprits un durable souvenir.

Quand l'éducation de M. de Montécler fut terminée, M. Bontemps, qui, grâce à la simplicité de ses goûts et à la sévérité de ses mœurs, avait pu faire quelques économies, ouvrit un pensionnat à Versailles, et ce bon fils saisit avec empressement cette occasion pour appeler auprès de lui sa mère et sa sœur, et l'on sait de quels soins il les entoura. La mort seule fut capable de les séparer les uns des autres, et elles ne le quittèrent plus que pour aller dans un monde meilleur.

La santé de M. Bontemps, qui ne fut jamais bien solide, et qui se ressentait peut-être du malaise et du travail forcé de sa première jeunesse, le contraignit de renoncer momentanément, au bout de quelques années, à la profession de maître de pension, pour se livrer à l'éducation particulière : puis, quand ses forces étaient revenues, et paraissaient devoir mieux le seconder, il éleva un nouveau pensionnat dans la rue Richaud, car la nécessité était là : il fallait élever quatre enfants encore en bas âge. Mais là encore, après quelques années de labeur et de lutte, il se vit obligé de congédier ses élèves.

Pendant cette période, Messieurs, M. Bontemps se crut assez bien portant pour adjoindre aux travaux d'un pensionnat ceux d'un cours de français, d'histoire et de littérature en faveur des jeunes personnes. Je n'y ai jamais assisté, mais j'ai entendu le concert de justes éloges qui ont accueilli et soutenu cette heureuse institution, et les jeunes personnes, aujourd'hui mères de famille, en ont gardé un bien doux souvenir et le regrettent peut-être pour leurs enfants : on peut faire aussi bien maintenant, je doute que l'on puisse faire mieux.

Mais la maladie, les souffrances, qui déjà tourmentaient M. Bontemps pour ne plus lui laisser que quelques courts intervalles de repos, vinrent encore lui intimer l'ordre irrévocable d'interrompre, sinon de cesser tout à fait, cette double tâche qu'il s'était imposée avec tant de plaisir et de dévouement. Dès lors il ne dut plus consacrer qu'à un nombre d'élèves très-restreint les restes d'une vie trop prématurément affaiblie et qui commençait déjà à s'éteindre, pour ainsi dire, à petit feu, et l'on peut dire aussi de lui : Il est mort sur la brèche et au milieu du combat.

Tel fut le père de famille, Messieurs, tel fut l'homme, tel fut l'instituteur. Parlons maintenant du chrétien : je serai court, parce que votre mémoire suppléera facilement à ce qui manquera à cette notice.

Enfant reconnaissant et dévoué envers l'Église sa mère, il ne garda pas plus pour lui seul les trésors de ses vertus qu'il ne gardait ceux de la science. Sa charité et sa piété le portaient à la pratique des bonnes œuvres qui ont pour but d'instruire, de moraliser et d'édifier ses semblables, et c'est vous, Messieurs, ainsi que vos frères de l'œuvre de Saint-Joseph et de l'œuvre de Saint-Vincent-de-Paul qu'il choisit pour ses amis, disons mieux, pour ses frères.

Quand, il y a quelques années, il est venu se fixer dans notre quartier, qu'il n'a quitté qu'à regret, il n'y a pas un an, pour aller près du Lycée, afin de rapprocher ses élèves des cours de cet établissement, il avait déjà été Président de la Conférence de Saint-Vincent-de-Paul instituée sur la paroisse Notre-Dame. Peu de temps après, la mort de M. Levavasseur, de pieuse et regrettable mémoire, M. Bontemps fut nommé Président du Conseil particulier des Conférences de Saint-Vincent-de-Paul, et il garda ces fonctions jusqu'au mois de mars de cette année, époque à laquelle il crut devoir donner sa démission, parce qu'il sentait ses forces lui échapper.

M. Bontemps fut, vous le savez, Messieurs, l'un des fondateurs du Patronage des jeunes ouvriers et apprentis, établi sous l'invocation de saint Joseph, dans cette paroisse, il y a environ huit ans, et il le fut également de notre œuvre de Saint-Louis. Dans ces deux Sociétés il était également vice-président, sa trop grande modestie lui fit toujours obstinément refuser la Présidence. Il fut, je crois aussi, depuis son séjour sur l'avenue de Saint-Cloud, membre de la Conférence de Saint-Vincent-de-Paul de la paroisse Saint-Symphorien.

Avec quel plaisir, tant que sa débile santé le lui permit, venait-il aux réunions de ces Sociétés, apportant toujours le tribut de compositions littéraires si bien écrites, en prose comme en vers, d'une plume si facile et si enjouée ! Et, quand le temps ou les forces lui manquaient pour la composition, il se croyait obligé de vous dédommager par quelque lecture solide en même temps qu'instructive.

Vous vous souvenez, Messieurs, vous vous souviendrez toujours de ces bonnes soirées qu'il vous a fait passer, comme vos frères de l'œuvre de Saint-Joseph s'en souviendront. Hélas ! vous n'entendrez plus cette voix aimée, cette voix que vous avez écoutée avec une si religieuse attention pour la dernière fois, je crois, lorsque, déjà affaibli par le mal qui de temps en temps lui faisait sentir ses cruelles atteintes, ce vieillard aux longs cheveux blancs, mais toujours jeune d'imagination et d'esprit, vous a lu le charmant conte de l'homme à la Jaquette. Vous confondrez tous ensemble vos regrets, vous et vos frères, et, comme témoignage de votre pieuse gratitude, vous lui accorderez chaque jour une place dans vos prières.

Sa piété eut trop souvent, Messieurs, l'occasion de calmer ou au moins d'adoucir les douleurs morales et physiques auxquelles il plut à Dieu de le soumettre pour l'éprouver : il se résigna, se soumit et pria. Il vit tomber autour de lui sa mère, deux enfants et sa sœur. La perte de sa mère, toute cruelle qu'elle était, était toutefois selon l'ordre de la nature. Son cœur fut bien plus profondément déchiré par la mort de deux de ses enfants, dont l'un, sa fille aînée, jeune mère de famille, fut victime d'un dévouement généreux et désintéressé. Mais cette plaie déjà si vive n'eut pas le temps de se cicatriser, et, il y a seize mois, M. Bontemps conduisait à sa dernière demeure une sœur chérie, qu'il avait depuis longtemps donnée pour amie, pour compagne à sa femme.

« Déjà souffrant depuis longues années de la maladie
» qui l'a emporté, cette séparation le jeta dans un état de
» langueur, qui donna à sa famille de bien vives inquié-
» tudes. Il parut un moment reprendre le dessus, m'écri-
» vait, il y a quelques jours, son fils, et les forces étaient un
» peu revenues ; nous commencions à reprendre espoir.
» Mais, sous l'influence de cet été si humide, sa maladie fit
» de rapides progrès, et tous les jours nous assistions à la
» perte progressive de ses forces. Depuis trois mois il était
» très-souffrant et ne pouvait presque plus sortir. Enfin il
» prit le lit le 30 octobre, et son état ne nous laissa plus
» que bien peu d'espoir : *jusqu'à cette époque il s'occupa du*
» *travail de ses élèves.*

» Il s'est vu mourir. Le vendredi 9 novembre, il nous
» appela tous pour nous dire adieu, nous exhortant au
» courage et nous disant qu'il n'y avait plus d'espoir, que
» tout était fini, que Dieu l'appelait à lui ; puis il nous
» montrait un Christ qui était auprès de son lit, en ajoutant
» que c'était là son modèle, et qu'il pouvait bien souffrir
» aussi ; ensuite il demanda M. le Curé de Saint-Sympho-
» rien, son ami. Tout le reste de la journée et toute la
» nuit il récita des prières et fit des signes de croix en
» montrant le Christ : enfin le samedi 10, à 10 heures et
» demie du matin, il s'éteignit doucement rendant son âme
» à Dieu.

» Telle est, continue M. le docteur Bontemps, la vie si
» bien remplie de mon pauvre père, qui n'a pu nous lais-
» ser pour tout héritage qu'un exemple constant de tra-
» vail opiniâtre et de parfaite honorabilité, héritage qu'on
» est toujours fier de recueillir. »

Messieurs, que puis-je ajouter après ces termes nobles et expressifs de son fils, de l'aîné de la famille, sinon que sa vie entière nous offre un modèle complet de modestie, si rare de nos jours? Un seul titre, celui d'instituteur, accompagne son nom sur les registres funèbres de l'État civil, et voici que sa tombe même se dérobe aux regards, et n'est connue que de ceux qui sont venus lui rendre les derniers honneurs.

Messieurs, puisqu'il est un séjour destiné aux âmes pieuses et chrétiennes, espérons, que notre cher vice-président y recueille déjà la récompense de ses vertus! Que notre admiration, nos louanges mêlées de reconnaissance, et, autant que notre faiblesse le permet, que notre ressemblance avec lui l'honorent ici-bas : c'est en méditant continuellement ses actions et ses paroles que nous lui rendrons hommage; et apprenons de lui, Messieurs, à aimer la religion, et par conséquent à pratiquer la vertu, et à chérir et à édifier nos semblables.

HIPPOLYTE MARCHAND,

agrégé de l'université.

3223. Versailles. — Imprimerie BEAU, rue de l'Orangerie, 36.